博報堂スタイル

HAKUHODO Style

発想職人のスピリット

元博報堂制作部長
高橋宣行

PHP

はじめに

「How to think」（考える姿勢）

博報堂での仕事は、知識や技術を手にする前に、「考える姿勢」をいかに大切にしているか、身をもって経験してきました。当然、教わることもコピーライティングの技術ではなく、広告人としての姿勢、広告に取り組む姿勢です。ハウツーではなく「考える姿勢」を身につけること。そうしなければ、将来、自らリスクを負って、考えたり創ったりする、ほんとうの強い体質につながらないからです。

そのおかげで、多数の得意先企業、それぞれキャラクターの違う業界、仕事の多様性、時間やコスト対応などなど、いろいろなハードルを超えることができました。

変化のスピードの速い時代に、基本姿勢が生きるのは言うまでもありません。つねに差異化を求められる中で、手本もない教科書もない。変化にはハウツーでは追いつかない。まさに、ブレない揺れない流されない、確固たる「考える姿勢」が必要なのです。言ってみればビジネスマンの根っこです。

その根っこを、しっかり作っておくこと。若いうちに作っておくことです。なぜなら、その根っこの上にしか、「独創性」という美しい花は咲かないのですから。

●

本書は2つのパートに分かれています。

Iの序章と、Ⅱの第1章から第3章です。

Iは、導入部分。博報堂の生き方の上に私の「考える姿勢」があり、あらためてその博報堂の生き方を探ってみました。あくまでも、稼ぎ方ではなく生き方のスタイルです。この舞台の上で35年間、考え、創り、行動してきました。

Ⅱは、私が制作部門の統括を担当した時、新人研修で語り続けた「広告屋の根っこ」を、大幅に加筆しました。骨子は話し始めた15年前と同じです。「5年先からジワジワ効いてくる話」というサブタイトルのもと、かならず後々に効いてくる、という強い想いで語ったものです。新人には精神論に聞こえたでしょうが、それも計算でした。誰かが話さないといけないからです。

●

今、モノ余り社会、成熟社会と言われ、企業も商品も人も、ちょっと油断すると見えなくなってしまいます。この環境の中で仕事をすると言うことは、新しいものを創り出すこと、差異化を生み出すことなのです。その時、「考える・創る」ために何が必要なのか。どんな姿勢が求められているのか。永年温め、拠りどころとしてきたキーワードを語ることで、感じとっていただきたいのです。

ここでは博報堂スタイルを中心にして話していますが、「考える姿勢」は普遍です。すべてのビジネスマンの資産となる、ビジネスの基本姿勢と考えてください。

先輩、上司に代わりまして、私の「考える姿勢」を手渡していきます。

博報堂スタイル
発想職人のスピリット
目次

Ⅱ 「ビジネスに効くしなやかな発想」

第1章 広告会社は。

第2章 博報堂は。

第3章

仕事とは。

Ⅰ　博報堂の根っこ

序章「これから、この精神でいく」

1　『博報堂宣言』

「これから博報堂が、どんな精神で進むかを明らかにしたい」と、1960年、瀬木庸介専務（'66社長就任）は『博報堂宣言』を立ち上げました。創立65周年を契機に、博報堂の近代化を進めるため「この精神でいく！」と力強く宣言したものです。

どうビジネスするかではなく、これから先、博報堂はどう生きていくか、どうあるべきか。博報堂の熱い想いと、企業としての社会に対する約束を掲げたのです。そして、職業に対する自負と誇りと責任を持ち、毅然として博報堂の立場を確立することを願っての宣言でした。

時代はちょうど高度成長期で、日本の産業が急カーブで上昇し始めている時です（'60年代は近代広告業の始まり、と言われ、広告の近代化を意図した博報堂の考え方が、業界全体の革新をうながす大きな影響を与えています）。

その『博報堂宣言』とは、

❶広告は、つねに人々の生活を明るく、豊かにする。
❷広告は、つねに創造性のエネルギーに満ちたものである。
❸広告は、つねに取引先の繁栄とともに進む。

博報堂の魂であるこの3本の柱は、当時としては考えられない発想のものでした。「生活者と企業のまん中」に位置し、「創造性」で新しい豊かさと快適さを与え続ける会社を目ざすこと。それが生活者と企業と博報堂の喜びにつながることを、理念として掲げたのです。それは、広告業という位置を、企業の代理業、生活者の代理業へと大きく方向転換させた瞬間でもあります。

現在の「企業と生活者、両者の満足を創る」パートナー発想の原型が、48年前にすでに始まっていたのです。

まだまだ広告業がメディアの代理業という性格の強かった時だけに、その大胆な発想が業界内外に新鮮な驚きを与えたのは、言うまでもありません。

この3つの魂がカタチになって表れ始めたのは、もうその年、'60年からです。

2 次の、来るべき時代に何をなすべきか

『博報堂宣言』……ここから博報堂の、近代化へ向けての革新が始まりました。自らの目標を明確にした、将来に向けての企業の骨格づくりのスタートです。

この宣言の背景には、次のような認識がありました。

時代は、工業生産化社会のモノサシですべてが動き、高速で走り続けている時でもあります。その中で博報堂は、「次のあるべき姿」を考えました。

作り手（企業）と受け手（生活者）の間で、受け手の意志を作り手に伝える連絡社会が、かならず来る。工業化社会の生産物を大衆に伝えると同時に、大衆が何を欲しているか。そこに伝える役が存在し、その役割を広告会社が担わないといけない……と（その連絡社会とは、今で言うツーウェイを前提とした情報化社会です）。

伝える役は、次に来る社会構造の中で、そうとう重要な産業になる。「我々の属し

ているものが新しい産業だ」という認識と、そのために「組織も人も変えていかなければならない」「新しいタイプの人間に、若い人を仕立てあげないといけない」。そして「社員は社会に貢献していく気概や使命感を、組織を通して、研修を通して、体質化していかないといけない」と、博報堂のあるべき姿を描きました。

そこから革新が始まります。

単なる精神論ではなく、新しい理念をどう体現化し、体質化につなげていくのか。次のような3つのテーマ（精神・器・人）が一体となって、カタチづくられました。

・精神――『博報堂宣言』をより行動指針化する。ビジョンの行動化を図る。
・器――組織や制度、さらに施策化することにより行動指針をはっきりさせ、社員の心の拠りどころにする。
・人――新しい時代をリードすることを求められ、とまどいの起こる社員への人材教育の徹底を。新しいタイプの人づくりへの投資をする。

私なりに整理すると、この3つの関係を統合して、スタートしたのでしょう。

受け手（生活者）の意志を作り手（企業）に伝える役の博報堂は、商品も工場も持ってはいません。唯一の商品は、コミュニケーションに関する独自の知識と技術です。

そこで行動指針とする企業目標を掲げました。生活者と企業のまん中に位置する『マーケティング・コミュニケーションの専門会社』。日本で最良最大のコミュニケーションの専門会社を指針化した、新しい博報堂のポジショニングです。

その目標に合わせ、組織や制度の革新が進められていきます。

AE制（※1）、ディレクター制、アメリカ広告会社との合弁会社設立（マッキャンエリクソン博報堂）、本部制（※2）など、今日のパートナー型企業の原型をここでつくっていたのです。

また、新しいタイプの人づくりのために、次のような姿勢を持っていました。

博報堂は、目に見える商品を持たない職業人の集団。物を売ることでなく、知識を売る形の職業です。そのためにはいい意味での徒弟制度をとらないと、人材の完全な育成はできない。人と人がつながり合うための方法として「同じ釜のメシを食う」ことです。そして、その環境をつくらないといけません。知恵や技術のような暗黙知は受け継いでいくしかないからです。

こうした考えのもとで、博報堂学校、研究開発室、図書館、軽井沢研修所と、当時としては過剰と思われる施策、設備を作り、人材の発育をうながしていきました。

このような組織と人材を持つことで、社会に対して「マーケティング・コミュニケーション産業」としての姿をはっきりさせる。それが働く人たちの心の拠りどころとなり、誇りへとつながっていくからです。

こうした激しい組織と人のイノベーションが、今日の博報堂の礎《いしずえ》となり、パートナー型を志向する強固なアイデンティティの核になっています。

（※1）AE制（アカウント・エグゼクティブ）
得意先の広告予算をあずかり、ベストな広告計画、予算管理、制作・SP（セールス・プロモーション）物の提供など、全体最適を考え提案するシステム。パートナーの先駆けとなる。

（※2）本部制
顧客のために、営業、調査、制作、SPなど、本部の中で個性ある個を集団化し、パワーを生み出すためにビジネスチーム化する。フルサービスを特長とする。

3 「変わらないもの」と「変わるもの」

『博報堂宣言』以来、その精神に沿って時代時代のキーワードが発表され、それを行動指針として博報堂は動いてきました。もちろん、その精神にブレはありません。つねにキーワードに反映され、生き方と行動の支えとなっています。

「生活者と企業のまん中で、新しい豊かさと快適さを創造し提供する。そして企業にも生活者にも、喜びと活力を与える博報堂」

この精神はまったく変わりません。

しかし生活者も企業も生きています。つねに揺れ動き、変化し続けているのです。そのまん中で、「今、何をもってベストか。何が一番幸せか」を考え続けるのが博報堂です。時代に合わせて組織と人が革新し続けなければ、ベストは生まれません。ベストを出すことで、パートナー化が深化するからです。

前項にあるように、AE制や本部制の立ち上げから、パートナー化はさらに深化します。博報堂の発想の原点となっている'81の博報堂生活総合研究所の設立（※3）、'81のME企業宣言（※4）、'91のGDP企業宣言（※5）、'95のMDU新設（※6）、'02のPBP企業宣言（※7）と、共創力を深めています。

そして、人の革新は創造性の革新です。組織と合わせ、そのエンジンとしての創造力をどうパワーアップするか。両者のまん中で新しい価値創造を実現する総合ソリューションサービスは、創造力なくして不可能です。「両者の満足を創る。両者の喜びを創る。両者の幸せを創る」。まん中に位置できると言うことは、創造性への信頼による以外ありません。

そういう意味でも、博報堂の歴史は1人1人がこの創造性を磨いて磨いて、磨き続けた歴史、だと思います。変化にどう対応するかではなく、新しい変化をどう創っていくか。「毎日が、新しい産業化」の博報堂になっていくことです。それを全社員が、発想職人としての「しなやかな体質」を持つことで実現し続けているのでしょう。

（※3）博報堂生活総合研究所
個人化の進む中で、消費した後の実態を探るだけではほんとうの姿は読みきれない。生活者は消費のために生きるのではなく、自分の生活を充実させるために商品やサービスをとり入れている。その多様化する生活者を丸ごと観察することによって、人々の価値観の変化を見よう、と設立。

（※4）ME企業（マーケティング・エンジニアリング）

「つくる・知らせる・売る」の機能を組み合わせ、得意先の製品計画から市場導入までのマーケティング活動をトータルに戦略化したサービスを提供する。

（※5）GDP企業（グランド・デザイン・パートナー）

マーケティングからマネジメントまで、すべての情報戦略に対応するグランド・デザイン・パートナー。得意先との関係の質、サービスの質をより高度化し、企業戦略のパートナーとなる。

（※6）MDU（マーケット・デザイン・ユニット）

コンテンツ領域（マーケティング・制作・SP・PR・キャスティング）を軸足に、得意先のマーケティングからマネジメントに関わる情報戦略の全体構想ができるプロデューサー集団。複合機能で応えられる強みを競争力とする。

（※7）PBP企業（パワーブランド・パートナー）

「生活者からもっとも永く愛されるNO．1の価値を持ったブランド」をパワーブランドと位置づけ、その理想の状態を得意先との真摯な語り合いを通して構築する。

この空気の中で、35年。
生き方、
考え方、
仕事の仕方、
時間とともに
たっぷりと浸み込みました。

Ⅱ ビジネスに効く「しなやかな発想」

第1章　広告会社は。

1 広告人の前に社会人①

広告は、
「創る人間の
個人性と社会性」
という問題につきる。

私は博報堂で制作部門を統括するセクションにいたため、制作の新人研修を担当していました。その研修の第一声が、「広告人の前に社会人」。そして「一流の生活者になろう」と話し始めるのが常でした（これからお話しする第1章から第3章は、その時の「広告屋の根っこ」をベースにしています）。単なる技術職としての制作者ではなく、プロの広告人であり、プロの社会人であることが、博報堂マンとしての欠くことのできない姿勢だからです。

広告会社には、自由で創造的で自己主張しやすい空気があり、世の中にパワーを持って発信できる環境に満ちています。とても華やかに見えます。ここに勘違いが生まれます。自由な舞台の上で、何を演じてもいい、という勘違いです。

広告会社はイメージが先行しすぎています。「何ができて広告人か」「何ができて広告会社か」。その本質が新人には分りません。わがままな人がカタチを繕っても、すぐバレる。卑しい人が創るものは、後味が悪い。すぐれた広告には、すぐれた思想があり、人間観察に裏打ちされた表現があります。広告は人間性と社会性が、とても現れるものなのです。技術だけ磨いても、いずれ壁に突き当ります。薄っぺらな専門家では、人を巻き込むことや感動させることは、とうてい無理なのです。感動にも、共感にも、すべて人がからんでいることを、お忘れなく。

2 広告人の前に社会人②

いかに「考える」かは、
いかに生きるか
いかに生きているか
と、無縁じゃない。

もう10数年も前になります。脚本家の倉本聰さんが、プロとしての姿勢を若い塾生に語っていました。「ライターという職業人以前に、生活人でなければいけない」と。北海道富良野の大自然の中で「生きる」ことの本質を見つめ、体験することの中から創作する意義を伝えていました。そして、どこまで人間を描き、人間を動かしきれるか、がライターのテーマであることを。真理をつくその熱さは、とても印象的でした。

つい最近のこと。楽天・野村監督の話です。「野球選手は一社会人であれ」と。「野球選手である前に、道徳、礼儀、礼節をわきまえた社会人であれ。その上に社会で通用する知識を身につけなければならない」。ようするに、技術はプレーする手段であるが、人間としての目的や価値は技術を超えた先にあるもの。専門性の先にあるもの。この大切さを分ってもらえたら嬉しいね、と語っていました。

あらためて「広告人の前に社会人」。

広告は社会に向けて発信するメッセージです。けっして創り手のものじゃなく、生活者のものです。「生活者の視点に立って広告を創る」。この姿勢なしではお互いに分り合うことは難しいでしょう。その上、「生活者は一度裏切ると、二度と戻ってこない」。そんな厳しさを持っています。このように、社会との対話を職業とする広告人には、人間通であることが強く求められているのです。

3

「社会」という響きの中で、仕事をしよう。

広告会社の面白さは
世の中の大きな流れを
作り変えることができること。

企業と生活者のまん中で、両者の満足を創るのが仕事です。その時どうしても避けて通れないテーマが次々に生まれてきます。「社会危機」と言ったらいいのでしょうか。環境、教育、食育、医療、暴力、人権、マナーなど、想像もつかない奥深い問題が浮かびあがってきます。モノやサービスの情報価値を高めるその背景から、こうした「社会テーマ」は切り離せません。当然、広告会社には、企業と生活者と社会という3つの課題を、同時に解決することが求められています。

幸いなことに、広告会社の面白さは、世の中の大きな流れを作り変えることができることです。今までも、考える・創る・実施する機能で、得意先と四つに組んで実現してきました。もう10数年前の博報堂の仕事ですが、たった1個の石鹸から始まった「植物物語」の登場は、社会へ大きなインパクトを与えた好例です。

植物原料による商品化によって、社会には「環境への配慮」、生活者には「身体に優しさと安心」、企業には「基幹ブランドへの成長」と、三者が喜び合える成果を見せています。そして現在もブランドとしての価値を保ち続けているのです。

私たちの生きがいと誇りは、いかに社会との関わりを深めているか、にかかっています。当然、その姿勢があるからこそ、「持続的発展」というパートナーとしての究極のテーマを、実現することができるのです。

4

広告は、「幸せを売る作業」だと思う。

これからの企業のテーマは
人を「幸せ」にすること。
心の満足、感性の満足が
社会全体のテーマとなってくる。

今生活者は、モノ余り社会の中で、新しい感動や、新しい快適さや、新しい便利さを求めていますо しかし、それは何なのか。見えていないし、気づいてもいません。ほんとうに欲しいものは何か、分っているようで分っていません。

「企業は私のために何をしてくれるのか」。その提案を、実は待っているのです。そして期待に応え続ける企業だけが「あの会社、好き！」という存在感を手にします。今や生活者優先社会は、心の満足を求める社会。厳しい目利きの集団化すると同時に、とてもわがままになってきました。

一方の企業は、今までモノを売ることに軸足をおいてきました。しかし、これからは高い志が問われます。モノがあふれる中で、「いいけど、好きじゃない」「分るけど、これ嫌い」「何もこれでなくても……」と、簡単に拒否されてしまうのです。企業が社会と一体となって、どう世の中を幸せにするのか。幸せになるヒントを手渡せるのか。モノやサービスの上にそのビジョンが必要になっています。例えば「おいしいコーヒー」という高品質の上に、憩い、安らぐ、新しい発想の場が欲しいのです。

こうした両者の動きの中で、一番いい方法を探すのが広告人の仕事。モノやサービスや情報を通して、生活者にどんな夢を与えられるのか。どんな快適さを提案できるのか。そんな幸せを想像しながら、広告を創っていきたいものです。

5 広告はコミュニケーション業。

一方通行を双方向にする
「知恵」と「技術」があるから、
広告人。

メディア環境が多様化し、対話を重視した双方向型社会へ向かっています。しかし、広告の仕事はもともと一方通行です。

❶送り手（広告主）の都合に合わせ一方的なメッセージを送る
（受け手が必要とする、しないに関わらず）

❷広告は送り手のいいことだけが送られてくる、という「負」からスタートする

❸送る主要メディアも基本的にワンウェイ

こうした前提を認識することから、私たちの仕事は始まります。どうしたらツーウェイを生み出せるか。コミュニケーションとして成立させられるか。ここに情報や知識や技術が必要となってくるのです。ただメディアにのせるだけなら、広告会社はいりません。人と人が分り合い、生活者を共振させ共鳴させる「知恵」があって、ビジネスは成立するのです。広告は、恋愛によく似ていると言われます。まず相手を知ることです。好き嫌い、興味、趣味、生活習慣、センス、話し方などなど、知ることから相手のあらゆる面が見えてきます。「何を言うか」「どう言うか」。このように広告も送り手と受け手の人間同士の触れ合いが作業の前提になっています。そのためにも相手の気持を察する感受性が重要です。言葉の裏にある気持にどこまで敏感になれるか……。広告がコミュニケーション業だと言われるゆえんです。

6 広告は、人間を観察する人間学だ。

人間通になること。
人間観察の深さが
広告人の根っこになる。

モノが「動く、動かない」は、生活者のニーズに合っているか、合っていないかにかかっています。「いいけれど、好きじゃない」。自分にとっていいものはますます絞り込まれ、個人化へと進んでいます。1人1人のベストを見つけないといけません。人間の欲求に合わなくて、価値があるわけはないのですから。

今広告は、人間観察の深さが問われています。人を観察し、人の気持を知る。その重要な情報は人が運んできます。なぜなら人は生活のプロですし、その生活実感があってこそ情報は生きてきます。本質をつかんでいます。メディアより先取りしています。人間観察の深さが、すべての広告の根っこになるのです。

一流のコピーライターは、自らの姿勢として、それぞれこう語っています。「人間って、そんなに変わらないし、人間のことを考えれば無限にネタはある」「生活と表現はイコールだ」「普通の自分で日常を呼吸していて、そこから出てくるもので創るのが一番いい」「広告する商品は人が使うもの。人が使うかぎり愛情があります。その感情をあぶり出すのです」「人は話題にしやすいことを話題にし、話題にしにくいものは話題にしない。それをキーに切り口を探す」と。

表現方法は違っても、それぞれの方法で「どう人間を描くか」を本質として持っています。広告人としての大切な姿勢――それは人間を観察し続けることです。

7

「売れた、売れない」では、広告人の姿勢として希薄だ。

「売りたい」より
「愛され続けたい」。
「利」でなく
「情」にどうつなげるか。

広告は生活者のものであり、社会の公器です。送り手だけの論理で広告を作ってもらっては困ります。望んでいるから、求めているからと言って、みんなの集まる場所（メディア）で、大声を出したり、ドタバタしたり、汚したりされたら、たまったもんじゃない。送り手の志の低さを感じます。

企業が発するメッセージで、生活者をどこまで心豊かにしたか。人を幸せにしたか。どこまで感動させたか。送り手の良識、品性が問われ、企業の信頼感へ、そしてアイデンティティへつながっていくのですから。モノを売るために広告を「私《わたくし》」していいものではありません。

今、生活者と企業のまん中にいる広告人の姿勢が問われています。意識や価値観を変え、力をつけてきた生活者に、企業にとって何が一番いい方法なのかを提案するのが広告会社。「売れる」とは、企業が信頼され愛されて「売れ続ける」ということ。「売りたい！」という意識より「愛され続けたい」という姿勢が伝わっていなければいけません。「利」だけでなく「情」です。ここに来てビジネス上手な企業が失敗しています。心の働きが下手なのです。利に走り、情がないからです。

企業の「情」をどこまで持続させ、「利」につなげられるか。まず信頼を売り、モノを売り、持続して売り続ける、それがパートナーとしての役割なのです。

8
生活者は、一度裏切ると、二度と戻らない。

「これでなくちゃ!」と
言わせるのは大変。
さらに、持続させるのは、もっと大変。

二度と戻らない……この緊張感を持ち続けることが大切です。モノ余り社会、なにもその商品だけにこだわる必要はないし、代わりはいくらでもあるのだから。気を抜くとツケは大きいのです。今、食品業界を含め、いろいろな企業がイヤというほど実感しているはずです。しかし、後を絶ちません。

この1年間で清涼飲料は、1000本（商品）ちかく新発売されたと言われます。素材も機能もそれぞれ違い、特長を持たせているのでしょうが、手にされるだけでも大変なことです。そこで広告は頭ひとつ抜け出すために、瞬間芸としての強さ、トレンドセッターとしてのインパクトを求めます。ようするに、驚かして名前を高めようという表現です。しかし、最初は納得しても、心のどこかで、うなずいてはいません。人を驚かす強さはあっても、すぐ鮮度は落ちます。しかも裏切ると、二度と戻りません。今や、「面白さ」と「買う」はイコールではないのです。

広告人の責任は大きく、重くなってきました。モノを売ることは、企業全体を「好き！」にさせていくことです。そのために、モノが売れる、企業が好かれる要因が、企業全体の体質につながっているか。360度、読みきっていかないといけません。「いてもいい」から「いないと困る」企業づくりを目指すこと。そんな企業ブランドへつなげる期待を、広告会社はかけられています。

9 広告は資産であり、消耗品ではない。

手近で、
間に合わせで創っては、
モノも企業も
早く腐らせてしまう。

広告は蓄積していくものであり、残していくものであり、続けていくものです。いいイメージを形成することにより、分厚い信頼感をつくり、それが累積され財産となっていきます。揺るぎない「企業ブランド」という財産です。広告を資産づくりの投資と考えずに経費と考えていては、こうはいきません。

当然、広告は、手近なところで間に合わせで創られては困ります。消耗品のようにすぐ捨てられる広告ではゴミとなり、かえってイメージを悪くするだけ。つねに、企業の資産づくりだという姿勢は欠かせません。ベランダの促成栽培の野菜でなく、時間がかかっても、大地にどっしり根をはやした大樹のように。そして人々がそこに憩い、安らぎを求めるように。企業ブランドを創るために広告はあるのです。

今まで日本の広告はモノを売ることに軸足をおいてきました。そのため、広告にあらゆる機能を負わせています。性急に売ることを求めています。結果、底が浅く、すぐバレる。すぐあきられる。気持の中に何も残りません。単なるモノ売りは、消耗品になっていくのです。これからは、「瞬間的インパクトを求める広告」から「長い目で生活者との関係を築く広告」へ。つねにロングランさせる気持が不可欠です。企業の全体を読むチカラと、生活者のディテールを読むチカラで、企業の資産化のパートナーとして評価されたいものです。

10

最高の広告人とは、
もっとも謙虚な人だ。

謙虚に、
「もっと、もっと」と
考えられる人は、
永遠に発展途上人だ。

広告人にかぎらず、すべてのビジネスマンに言えることでしょう。自己否定できるか。自己批判できるか。周辺でなく、世の中から見て自分の持っているものが、いかに細やかで、小さくて、貧相なことか、と。それを外に表すことは意外にできにくいのです。世間のモノサシに合わせて、このレベルでいいのか、こんなことで通じるのか、自己評価してみてください。

「21世紀は人と優劣を競う世紀ではなく、人との違いを生み出す世紀」。勝ち負けのためでなく、人との違いをつくるためにも、謙虚さが必要なのです。

このように個性化を求める中で、自己顕示欲の強い広告人は時には錯覚します。アイディアを創るうちに過剰反応することに慣れてきます。「知る・想う・創る・動く」。一連の知的な作業は、刺激的でダイナミック。エンドレスの面白さがあります。しかし、個人の能力以上のものが周りの力によって作られ、メディアによって世の中に出ていきます。そこでは大きなお金と人も動いているのです。ところが、頭から消えてしまいます。世の中に出ていくものと個人の力のギャップがあることを。

広告人としての社会的責任を、どれだけ意識しているのか。「私は得意先の代表として、世の中に発言できるだけのチカラがあるのか」と、つねに振り返ってほしいものです。「もっともっと」の姿勢の中から、周りを巻き込む信頼が生まれてきます。

第2章　博報堂は。

11

人間中心に発想する「ピープルビジネス」。

ビジネスは
「人間」でできている。
ビジネスは
人を喜ばせるためにある。

今、人間が時代を変えています。変化をおこすのは技術やモノではなく人間。それを欲するのも、不要とするのも、人間にゆだねられる時代だからです。当然、人間に軸足をおかないマーケティングやマネジメントは考えられません。そこで企業は――

❶独創的な技術・商品は、すべて「人間の知恵」から始まる、と再認識
❷そのために創造性ある人材の採用・育成、独自性を生み出す組織づくりへ
❸市場への対応は、企業の視点ではなく、生活者の視点へと大きく軸足を変え
❹1人1人の価値観の多様化や変化を深掘りし、企業活動に反映
❺「高品質」の上に付加価値を、さらに感動を、とソフト化・サービス化へ
❻顧客とのリレーションシップを大切にした持続する関係づくり
❼企業全体を「好き！」にさせ、揺るぎない絆を創るブランド化へ

考えるのも、創るのも、買うのも、使うのも、入口から出口まで人間。当り前のことが、これほど浮き彫りにされているのも、珍しい時代と言えましょう。

博報堂は、序章にある『博報堂宣言』以来、人間から発想する体質を磨いてきました。生産者に対する消費者ではなく、人間を生活者と位置づける。その上で、「企業と生活者のまん中で両者を喜ばせること」に博報堂の存在価値を見つけたのです。まさに、ピープルビジネスの実践を、50年も前からスタートしていたのです。

12
企業と生活者の、まん中で。

そのまん中で
つねに新しい価値を創造し、
両者に満足を。
両者に感動を。

1960年の『博報堂宣言』以来、博報堂は企業と生活者のまん中で、両者にとって「何が一番いい方法なのか」を考え、カタチにし、提供し続けてきました。

その50年ちかい間の、激しい時代の流れと両者の変化の中で、組織も人もイノベーションを繰り返しています。当然、いろいろな試行錯誤はあったのでしょう。しかし、博報堂の立っている位置は変わりません。「企業と生活者のまん中」です。

あらためて、まん中に立つとは何か。それは両者が満足することが前提です。

❶「豊かな社会に貢献する情報」を基盤とし、
❷生活者の欲求・欲望がきちんと把握され、
❸その情報から、生活者が期待している以上の価値を創造し提供すること。
❹その成果を持って、企業のビジネスに貢献する。

こうすることで両者に喜ばれ、博報堂の喜びにもつなげていけます。

このように、単に売るためだけの広告コミュニケーション、広告戦略ではなく、両者のニーズに合わせて価値づくりをしていく、情報戦略の提供なのです。

そのために、情報価値を高め、新しい変化を生み出す創造性が求められています。

創造性は博報堂ビジネスのエンジンそのもの。このパワーを高めることで、生活者と企業の双方を幸せにし、博報堂がまん中にいる意味も生まれてくるのです。

13

代理業じゃない。パートナーになる。

「顧客の喜び」を、
「自分の喜び」と感じる。
パートナーシップこそ
ビジネスの基本です。

序章2に書いたように、工業化社会から情報化社会への兆《きざ》しをいち早く読み、伝え役としての位置を掲げたのが、博報堂近代化のスタートです。「次の来るべき時代に、博報堂は何をすべきか……」。工業化社会の先に、広告会社が必要とされる社会をイメージし、博報堂のあり様を描きました。それが企業と生活者のまん中で、『マーケティング・コミュニケーションの専門会社』として機能することです。パートナー企業の先駆けと言っていいでしょう。

それから50年ちかく、博報堂の歩みは、得意先企業とのパートナーシップを深めることにあったと思われます。

私が入社した'60年代にはAE制（序章※1）があり、本部制（序章※2）も始まっていました。初めて担当した味の素のマヨネーズの競合プレゼンテーションに、ビジネスチームの一員として参加。そこには営業、調査、制作、SP他のメンバーが入り混じり、ひとつのテーマに向き合うスタイルに驚きました。表現を考えることでも、コピーを書くことでもなく、味の素が初めて世の中に出すマヨネーズを、どう市場に定着させるか。そこへ向かっての連日のチームワークでした。今から40年も前の経験です。早くから自らの存在価値を「パートナーシップ」におき、さらに生活者や社会を巻き込み、企業との共創を深めていたのでしょう。

14

一番先に相談される会社。一番に選ばれる会社。

「誰が本気でウチのことを
考えてくれるのか」
「誰がウチのビジネスを
やりやすくしてくれるのか」
「ウチとやり続ける力が
ほんとうにあるのか」

今ビジネスの課題は複雑多様化しています。でも、どの企業も「何が問題か」は意外につかんでいるのです。それぞれの立場で、ある部分をとらえて語ることはできます。しかし、全体から見て、どこに問題の核があるのか。そして、それを見つけたとして「誰がどう解決するか」が、企業の大きな悩みなのです。

例えば「モノが売れない。シェアは落ちる」。何が核心で、どうすれば解決できるのか。その要因は幾重にも連なっています。商品自体にも店頭にもコミュニケーションにも、企業イメージだってからんでいます。この状況の中で、誰が、どこから、どうすればいいのか。タテ割りの部門をまたがる問題を、どう動かすのか。専門性を超えた情報や知恵を求められる中で、誰がリーダーシップを発揮するのか。

価値観の揺れ動く新しい競争社会の中で、手本も教科書もありません。今必要なのは、全体が読め、仮説を立て、周りをグイグイ引っぱっていくパートナーです。それも、相手の欲求を深掘りし、新しい切り口からの解決を進めていく人です。そして統合的な戦略パッケージで期待に応えていく人でもあります。そうしなければ、一番先に相談されることも、一番に選ばれることもムリでしょう。企業のできないことを、トータルに横串の発想で、親身になってやってあげられる……そこにパートナーとしての信頼が生まれます。

15

「粒ぞろい」より「粒ちがい」。

「自由と自立」
リスクを負って
自らビジネスを創り出す。
そのために自由はある。

モノ余り社会の今、頭ひとつ抜け出す個性化・差別化は、個人の力なしには実現しません。とくに付加価値の競争は、まさに知恵の競争そのものなのです。

こうした個の時代に向けて博報堂は、早くから「粒ちがい」を求め、採用し育成し、それを生かすビジネススタイルへ反映させてきました。企業と生活者のまん中で、「粒ぞろい」でなく「粒ちがい」がどうしても必要なのです。２０００社〜２５００社の企業の、それぞれ違うテーマや課題に、それぞれに個性ある解決法を提供していくのです。１人としてパターン化した人間はいりません。博報堂らしさを表現するためにも、起業家精神の旺盛な個の集まりが理想です。

「粒ちがい」の集団は、自分の責任の上で仕事を創り出すことを求められています。自由はそのためにあります。なぜなら博報堂には、商品も工場もない。あるのは情報と知恵と技術。自ら考え創り出し、商品化しないと売りものはないのです。つねに提案しないとビジネスは成立しません。

幸いなことに「粒ちがい」の育成と評価は外にもあります。得意先であったり、業界であったり、ライバルであったり、生活者であったり。仕事が万人の眼に触れ、そこで公平なジャッジが待っています。本人が思う以上に、世間の眼は正しく、そして厳しく、その評判が個人をまた大きくしてくれます。

16

教育でなく「発育」。

「野球が好き」
「野球がうまくなりたい」
これが「まあ、これでいいや」に
ならない最大の理由。

イチロー氏

博報堂の人材育成には、教育でなく「発育」という考え方が基本にあります。本来、教育の意味は、教え、育てるのではなく、「考えさせる・自発的な行動を引き出す」ことと、と考えているからです。あらためて調べてみると、「教育」はラテン語「ＥＤＵＫＯ」からきていて、育て・育むこと。手とり足とり教えていくことではないようです。

江崎玲於奈さんは「自己発見が教育プロセスで最重要（リベラル・アーツ・エデュケーション）」と言い、自分がリスクを負って、自分で自分の新しい道を開拓する人間をつくることをおっしゃっています。

意識、姿勢を手渡して、自分で考え行動するきっかけをつくる……そのための環境（風土）をつくっていくことが大切なのでしょう。「会社が研修で自分のキャリアを磨いてくれる」という標準タイプでは、腐ったリンゴになってしまいます。そういう意味から言っても、企業文化に合った人材をいかに採用するか。「広告が好き」という人材をいかに発見するか。「人が好き・広告が好き」なら、きっかけを与えれば１人でに走り出します。「好き」だと努力しないでも頑張ります。

スターバックスでは「サービスするのが好き」な人だけを採用。サービスの上に、ルールや技術はあとでつけられると考えているからです。逆はまったくムリです。「発育」の芽は、「好き」から。制作統括の時の視点はつねにここにありました。

17

「発想塾」という名の研修。

研修は、
ファーストランナーをつくること。
「自ら学び・自ら創る姿勢づくり」だ。

「想い」の熱い人が欲しい……私たちの熱い想いです。10年ちかく制作部門の育成を、制作統括という業務の一環としてやってきました。最後の3年はソフト部門がワンユニット（MDU＝マーケティング・制作・SP・PR・キャスティング）となり、ソフト部門でのMD新人研修でした。人事部門が進める全社の研修と違い、MDUの研修ですから、テーマはひたすら「発想力豊かな人づくり」です。ここでは、その方法論ではなく、3ヵ月にわたるMD研修の考え方の一端をご紹介します。

❶自ら学ぶ姿勢・自ら創り出す姿勢をつくる❷既成のものを壊し、新しい価値づくりの面白さを知る❸夢を見る力（想像力）と夢を実現する力（創造力）をつける❹足を使うことの重要性を知る。肌で感じることの大切さを知る❺広告は人間学であること。人間を観察することを学ぶ❻考えて考えて、考えつくす。モノゴトを生み出すことの楽しさを知る❼厳しさの中で、自己発見する。

この考え方を基本に、課題が出され発表する……3ヵ月間、その連続でした。ようするに理屈や技術はあとで手渡せるが、広告人としての意識や姿勢、仕事の本質、博報堂マンとしての文化は、簡単に育たないからです。

まず学生時代までの22年間を、一度壊すことからスタートします。現在も、手段は変わっても、この目的自体はそう変わらないことでしょう。

18
「個人商店の集合体」。

「個人と集団が
相互増殖する関係」
が、理想。

博報堂は大きくなっても「個人商店の集合体」のような組織と個々のスタイルと、それを体質化した空気に包まれています。現場にいた時よくサッカー型に例えたように、1人1人の手段としての役割はあっても、目的はゴールすること。一見、バラバラに動いているけれど、同じゴールに向かえば大きな成果をあげることができます。それには、個の力と組織の力が求められ、その2つの力を発揮する共創力が必要です。1人1人が博報堂のクリエイティブ・エンジンに……と言われているように。

その核となる創造性をより高めるために、❶個人の資源を最大限に伸ばす❷それを上手に組み合わせてチームワークにする❸そのために人と組織のイノベーションを進化させる。博報堂が企業と生活者のまん中で、情報と技術から商品を創り出していくのには、人と組織を磨くしかないからです。

こうした文化が定着してくると、自由と自立の姿勢はより強まってきます。博報堂ではタテ割りはあまり機能しません。「何が企業にとってベストなのか」をテーマに、誰が旗を振ってもいいのです。一番いい知恵を出した人が先頭を走ります。そのアイディアをみんなで持ち上げ、磨いて、最高の商品化へ。

日本のサッカーは組織で幾度となく攻めても、ゴールに届かない、と残念な思いをしますが、最後は「個」の力。ビジネスも同様に「個」の独創性で決まります。

19

競争力はソフトパワー。

ハードの進化に
ソフトが追いつかない。
1人1人の「好き」に
つながっていない。

「モノ」の上に感動があるか。喜びがあるか。モノ余り社会の今、高品質だけではモノは魅力的に見えません。価値があるとも思えません。そこに人間の生き方、暮らし方の提案を含めて、ソフトパワー（付加価値）がないと、なかなか手を出してくれません。モノはいい。しかし、私の好みじゃない。好きじゃない。

高品質の上に「好き」をどう創るか。人間の洞察が不可欠になりました。企業では、ハードの進化の前に、人間のソフト力がついていかない、という気がします。どうしても軸足はモノづくりの技術開発へ……。頭は技術にいっています。

このような環境の中で、パートナーとして何ができるか。単にモノを知らせることでなく、1人1人の気持につなげてあげるために。実は、博報堂はいち早く世の中に受け入れられるよう、こうしたソフトパワーの準備をしてきました。

序章の※3と※4で解説しましたが、1981年に1人1人の価値観の変化の芽を見つけようと〈博報堂生活総合研究所〉の設立と〈ME企業〉の宣言をしました。MEとは、企業のマーケティング領域をサポートし、生活者の視点で市場を創造するマーケティング・エンジニアリングの方法。じっくり「生活者を観察」し、「人と人を結びつける技術」を磨き、ソフトパワーづくりの独自性を高めてきました。それも、人と組織にソフトに対する共有の姿勢があって初めて実現します。

20

人間観察で兆しを読む「生活者発想」。

生活者優先社会での
コミュニケーションは
「観察・洞察」から始まる。

制作現場にいた時に、とても誇らしく思えたことのひとつは、博報堂に「生活総合研究所」があることです。生活者を洞察するという視点が世の中になかっただけに、とても新鮮でした。個人化の方向に25年も前からフォーカスしていたのですから。

「モノ中心の時代」にあって、モノそのものでなくそれを取り巻く人間のディテールを深掘りしようと、１９８１年に設立されています。モノを消費する人ととらえるのではなく、個人の価値観を発見しないかぎり、ほんとうの消費行動は見えてこない。そのため量的な分析だけではなく、人々の心の質的な小さな変化から未来を見つけよう……というのが、設立した理由でした。

博報堂としては、企業が手つかずの生活者を知る視点を持ち、具体化したのです。そして、すべての発想の基盤となっています。

コミュニケーションでもっとも大切なことは相手を知ることです。ところが今、人々の欲求が分散して見えにくくなっています。

１人１人が生活者発想を持ち、「人を動かすものは何か」「人はどこに向かっているのか」「なぜ人は買うのか」……などなど、ディテールに執着してこそ、心を打つコミュニケーションが生まれます。そして、それが本当の顧客志向であり、各企業が目ざす付加価値づくりの原点になっているのです。

21 ソフト化集団の基礎知力「マーケティング発想」。

マーケティングの醍醐味は、
世の中の価値観を
変えるところにある。

2つの「発想」が博報堂の独創性を支えているのではないか、と思っています。

1つは生活者発想（前項20）、もう1つはマーケティング発想です。

早くから企業とのパートナー化を考え、AE制、本部制を導入したこと（序章※1※2）は、マーケティングの知識や技術なしに考えられなかったでしょう。マーケティングが、日本生産性本部のアメリカ視察によって企業間で話題となったのが'50年代の後半ですから、ほぼ同時期に博報堂のAE制のスタート。以来50年の経験が、「全員マーケッターになる」という姿勢を強め、体質化してきたのです。マーケティングは、モノを売る戦略から市場を創り出す企業活動へ。さらに経営戦略の一環として不可欠の要素。それは市場調査から商品計画、生産、流通、販売、広告、顧客管理にいたるまでの総合戦略です。企業にとっては、考えて作って収益をあげる活動です。

私がマーケティング発想と言うのは、マーケティングの本質である❶顧客本位と❷戦略構築が、ビジネス活動の基本と考えているからです。つねに相手の立場で考えること。戦略的に組み立てること。この2つを体質化することで発想は確かなものに変わります。そして体質化イコール博報堂をゴールと考えています。

生活者発想とマーケティング発想を持つ……それは全社員がプロデューサーを、クリエイティブ・ディレクターを、戦略家を目ざすことにつながっているのです。

22

モノを考える集団は、ボーダーレス。

新しい知恵は
異色なカルチャーとの
接触から生まれる。
「キワ」を作っては
オリジナルは生まれない。

ある企業のトップの方との話の中で、「研究者にはボーダーを越えられない悩みがある。同じ円の中からとび出せないから、どうしても鮮度がない」と。また「無境界主義」（日経新聞'06・10・12夕刊）の中で加藤秀俊さん（中部大学顧問）は、「境界を設けたとたん、人間の発想は途中で止まるようになります」「細分化も大事だが、それだけで済ますと大きなものが見えなくなります」と語っています。今や仕事のヒントは、会社の外に求める時代なのです。ボーダーレスです。

博報堂は、早くから外向きでした。好奇心の旺盛な集団ということもありますが、モノを考える人は、つねにボーダーを越えていることを求められています。なぜなら、異色なカルチャーとの接触で新たな知恵を生む……外との異質な組み合わせから、新しい発想が生まれるからです。自分の手持ちの情報で間に合わせで組み立てても、新しくなりません。もっと1人1人が領域外で知識や刺激を受けるために、キワのない環境をつくろう……と、'95年、MDU（序章※6）を導入しました。ソフト部門のイノベーションです。コスモポリタン型の集団。MD領域（付加価値づくり）を軸足に、得意先の経営課題からマーケティング、コミュニケーション領域までを、パートナー主義に徹して推進していこうという集団です。

異種・異文化にぶつかり合って、新しい強さと独自性が生まれてきます。

23 既製服でなく注文服をつくる会社。

「顧客といい関係を
築いている企業だけが
繁栄する」

ドラッカー氏

私たちの仕事は、1件として同じ答えを出すものはありません。1件ごとに知恵を出し、満足を得ることが仕事です。企業からのテーマや課題や事情はすべて違います。こうしたことから博報堂の中では、「既製服でなく注文服をつくる会社だ」と、例えられています。複雑にからみ合った個々の課題をどうほぐすか。どう解決するか。単に体型に（オーダーに）合わせることではありません。好みも違う、動き方も違う、生き方も違う……。「その人らしさ」をどう表現するか。企業で言えば、企業全体のアイデンティティにどうつなげていくか、が仕事なのです。こうした姿勢なしに、お客さまの信頼感や深い関係は生まれることがありません。

最近、アメリカの医療界で進められている「テーラーメイド・メディスン」。1人1人の微妙な体型の違いに合わせてつくる注文服のように、「1人のための医療を」という考え方です。診療も薬も予防も教育も健康法も、それぞれの個人に合わせていくべきだ、という医療です。非効率的に見えますが、結局、早くて効果的で得になると評判。患者とのいい関係が育っています。

このように、技術や情報の進歩により、創造性ある「あなたのために」という発想が各業界に広まっています。例えば、1対1を基本とする流れが「テーラーメイド・マネジメント」としてビジネスの中にも入り込んでいます。

24

部分サービスから、全体サービスへ。

マーケティングから
マネジメントまで、
すべての情報戦略が
パートナーの領域となる。

広告サービスの内容が大きく変わり、博報堂の中心軸が動いています。広告会社は、販売サポートの役割を問われる一方、企業のアイデンティティをどう示すか。経営そのものにちかいところの戦略を、一緒に考えていくことを求められています。

個々のテーマを出されたとしても、「なぜ売れないのか」「なぜシェアが高まらないのか」「なぜイメージが薄いのか」「なぜ社員のモチベーションが低いのか」などなど、その背景は企業全体の課題につながっています。

それも要因が複雑に幾重にもからみ合って課題は広がっていきます。

当然、部分部分の改善では本質へつながってはいきません。課題が高度になればなるほど、全体サービスの視点が不可欠です。また、そこを一緒に考えていかないと、広告会社と企業との本当のパートナーシップは組めなくなってきています。

企業のタテ割りの中で横串を刺して全体を動かすのは大変な作業。そこで博報堂がパートナーとして機能していくのです。それにはマーケティングからマネジメントまで、すべての情報戦略が対象になるのですから、組織も人もつねにイノベーションが求められています。MDU（序章※6）という発想もそのひとつです。全体最適から戦略を組み立て実施する、ボーダーレスなプロデューサー集団。しかし全体サービスができる体制というのは、1人1人が育って初めて可能になります。

25

全体の仕組みで、「好き」が生まれる。

「ディズニーランドは360度
愛されるようにできている」。
点描画のように
無数の点の集合体です。

老舗和菓子屋として〝のれん〟を450年間守り続けている「虎屋」には、次のような揺るぎない信念があります。「和菓子を売るとは、日本を売ることであり、伝統文化を売ることであり、季節を売ることであり、そこに生まれる喜びや楽しさや安らぎをあわせて売っていくことだ」。となると、社員は何を勉強しないといけないのか。全体の戦略とディテールをどうするのか。ブランドを創るとはこういうことだ、という強い信念の上に築かれているのでしょう。450年間「好き！」と言われ続けることは、全体と部分と、360度の気くばりがないと成り立ちません。

今のモノ余り社会は、個人の好き嫌いが100％通る社会でもあります。高品質だけでは価値はない。人間の生き方、暮らし方の提案を含めて、付加価値が必要です。さらに、それを生み出している企業そのものを、好きにさせておかないといけません。まさにブランドです。点の解決ではムリです。企業の理念、商品、価格、店舗、サービス、生産環境、販売体制、コミュニケーション、トップの志、社員の行動、接客、広告などなど、企業全体の仕組みで考えていかなければいけません。ここは好きだけれどここは嫌い、ではスキができます。360度から「好き！」を創るために、企業の情報戦略の全体構成ができるパートナーが必要となっています。

博報堂が目指しているのも、全体の仕組みで「好き」を創ることです。

26

提案は、企業ではなく、「世の中に合わせる」。

社会に強い柱を立てること。
柱のない企業は
存在することが難しくなる。

企業の組織はタテ割りです。しかし、マーケティングの流れはヨコです。調査し、モノを開発し、生産、販売、広告、顧客サービスをするまでの一連の流れは、完全にヨコ。タテ割りの企業が、横串を刺して全体を動かすのは、厄介な作業です。

そこで博報堂がパートナーとして機能します。

博報堂の考え方は完全にヨコです。全体最適です。そして企業のために横に串刺したビジネスチームを組みます。そのビジネスの原点は、❶生活者発想と❷マーケティング発想を基盤とした創造性を発揮することです。

提案は「世の中に受け入れられるか。社会にインパクトを与えられるか」。ベストパートナーとしての姿勢は、つねにこうでなければいけません。企業のオーダーに合わせることだけでなく、その先の生活者への、社会への視点があるかどうかです。パートナーとしての信頼の深さが違ってきます。

よく現場で聞かれた話です。（担当する）企業だけに合わせていると、当初は、「よく分っている。話は通じるネ。可愛い奴だ」と。しかし何度も繰り返すと、「この人は本気でウチのことを考えているのか」に変わってきます。今、うまくやろう、ではなく、これから信頼され続けるにはどうするのか。それにはヨコ位置から、社会が求めているものを探り、それを価値あるものに高めて社会に提案することです。

27

「創って、動かして、世の中を変える」これが成果だ。

行動のないプランニングはない。
戦略のないプランニングもない。
動かして、ムーブメントを起こして、
成果だ。

私は新人研修の中で「プランニングとは」と、次のように話をしてきました。
『プランニングとは、情報を集め、問題を探り出し、仮説を立て、発酵させ、それをカタチに定着し、世の中に問う。この一連の流れを言う。そして人々が動き、ざわめき、ムーブメントが起きる。これを成果と言う』

博報堂は「動かしてナンボ」の世界にいます。先生でも、コンサルでも、アドバイザーでもない。ようするに成果を問われ、結果で評価され、信頼され、次につなげることが目的です。企画を立てたり、表現したり、メディアにのせたり、これはあくまでも手段と考えています。この姿勢があれば、動くために、成果を出すためにどうするか。信頼され続けるためにどうするか。知恵の出しどころが変わります。

こうした「知る・想う・創る・動く」ことが、ワンセットとして早くから求められていたこともあり、マルチなタレント（複合型人間）がかなり存在します。組織が人を育て、人が組織を変えていく、という相互作用が働いているのでしょう。その結果、1人1人が多様なビジネス経験を持てる仕事がさらに増えてきます。博報堂の面白さは、企業と一緒に世の中の大きな流れを作り変えることができることです。今、企業は稼ぐことが上手でも尊敬されません。社会との関わりの中で、どう信頼され続けるか。世の中の動かし方の提案が欲しいのです。

28
社内でどう通じるか、ではなく、社外でどう通じるか。

アウトプットが厳しい目に触れる。
企業にも、生活者にも
噂はすぐ広がる。
広告は評判産業だ。

自ら考え創り出し、商品化しないと、博報堂には売りものがありません。リスクを怖れず、自分の責任の上で仕事を創るために、自由は与えられています。「自由と自立」の風土の上に、「外で通じるか」を先輩からよく言われたものです。

口調も含めて、先輩が若手に語っていること。

『正直、博報堂の傘の中にいるとかなりなことができる。しかし、勘違いしないでほしい。世間の風に当ると意外にもろいものだ。自分の力でなく、会社の評判というゲタをはいていることを忘れないで。博報堂の社員でなく知恵で稼ぐ1人のビジネスマンとして、どう自立するか。自分との戦いだ』

『外は社内の評価より数段厳しい。何倍もの力を持たないと噂にもならないし、顔も見えてこない。と言って、競争や選別はすでに始まっている。モノサシは外にある』

『金を払う側の怖さを知ろう。この仕事にどれだけ払えるか。自分の好き嫌いで、もっともらしく創られたらクライアント（依頼主）はたまったもんじゃない。自分の原価意識を持とう……俺は今、ナンボのものか』

『博報堂には一流も二流も三流もいる。三流を見てこの程度でメシが食えると思わないでほしい。つねに社内の、社外の、一流を見て仕事をしてほしいものだ』

『モノを考える人間が内ばかり見ている。こんな人間を得意先は誰も信じない』

29 知恵の生産会社。

情報を知恵に変えて
価値を創造する。
21世紀は人間力の競争だ。

ＩＴ化社会は、情報の一元化を進めるし、均質化も進めています。誰もがどこからでも情報を手にできるのです。極端に言うと、どの企業も横一線に並んでいます。ここから頭ひとつ抜け出す競争をしているのが、今です。差異化やオンリーワンを求められるのは、このためです。最後は知恵。価値を創造する人間の競争となりました。

いい時代が来ました。商品も工場もない博報堂としては、永年、知恵の生産会社として知恵でビジネスをしてきたのです。素材は情報。好奇心をエネルギーに、創造性をエンジンとする生産会社によって、企業と生活者が満足し合うコンテンツ（ソフト）を生み出しています。その時、生産者の心得とは――

❶生活者をより豊かに、企業にはより利益をもたらす情報とは何か。
❷その情報をいかに価値あるものに高めるか。期待以上の価値を創り出せるか。
❸そのアウトプットをどう生活者に届け、心に満足感を与えているか。

言ってみれば情報の加工業。料理で言えば素材（情報）を調理し、人々を感動させる料理を提供することです。当然、素材は新鮮であること。そして、調理法も料理もオリジナルでなければなりません。「知恵でどれだけ大きなビジネスを創れるか」「高く売れるモノをどう創るか」「工夫はあるのか」。知恵の生産会社は、自ら問います。「情報を知恵に変えているか」

30

伝統は革新の連続です。

変化はパワーになるが
一時の流行と
永遠の真理を
見分ける眼を持とう。

「生きること」は「変わること」と言われる変化の時代。変化はパワーになりますが、一時の流行と永遠の真理を見分ける眼を持つことが大切です。芭蕉が目指していた不易と流行のように、変わらないものと変わるものの融合が必要なのでしょう。

19世紀、馬具商だったエルメス。「1920年代、馬車から車の時代へ。そこに旅行が始まります。そして女性が動く……。時代が変わる中で、エルメスがエルメスであり続けるために、何を変えるか」。伝統と革新です。今ブランド企業と言われる企業では、「自分らしさ」と「革新」の両方を視野に入れてのマネジメントが進められています。トヨタも松下もソニーもホンダも……。伝統は革新の連続であり、変わることによって伝統のエネルギーにしているのです。あくまでも、時代が変わっても魅力を失わないための努力です。

博報堂にとっても'60年宣言以来（14ページ・『博報堂宣言』）、企業と生活者のまん中で両者に満足を与え続ける会社でありたい、と考える精神に揺るぎはありません（私の在籍した間、そのブレは少しも感じませんでした）。さらにこの位置をより確かなものにするために、組織も人も革新を続けているのでしょう。何よりも強味なのは、革新のエネルギーである創造性を核にしていることです。創造性は同じところにいません。創造性で革新し、創造性で伝統に磨きをかける。これが最大のパワーだからです。

第3章　仕事とは。

31

技はついてくるもの。自分の成長以外にない。

生き方以上の
発想は生まれません。
成果はついてくるものです。

創造することは、日常の暮らし方と深いつながりがあります。その人の毎日の生き方と切り離しては考えられません。どう考えるか、どう創るかは、今までいかに生きてきたか、そのものです。わがまま勝手に生きてきた人が、相手の立場で、相手の心を探るなんて突然できるわけがありません。洞察のすぐれた企画なんてムリです。仕事は「その人らしさ」が出て、その人が信頼されるから永続きします。表現のインパクトやカタチだけでなく、コミュニケーション能力って人間性が問われるのです。

もう10数年前のデザイナー採用時の発想力の課題です。

『愛』という言葉からイメージするものを絵に定着しなさい。

この課題を金曜日に出し月曜日提出。クロッキーブック（１００ページ）に描けるだけ描く発想力の課題です。学生にとってパニックになる週末……。22年間生きてきた自分の中でしか考えられません。自分の見聞きしたこと、経験、視点、問題意識、発見力、感性……、すべての総合力が見えてきます。結果、クロッキー半分（50案）の人と3冊（３００案）の人。これほどの違いが出てきます。

先日テレビ番組で刷毛《はけ》職人（67歳）の方が開口一番「ハートで仕事をするから、今でも技は伸びているし、年とともに人の気持が分るだけに、まだ伸びる」と。この自信と謙虚さをつねに持っていたいものです。

32
目標のある幸せ。目標のない不幸せ。

キャリアデザインとは、
個人にとっての戦略です。
新しいカタチの
シンボルプレイヤーを目指そう。

変化の時代は個の時代。個人の生きやすい時代になってきました。ただ条件があります。やる気のある人はどんどん幸せになり、やる気のない人はどんどん不幸になる、という条件です。今までは日本自体、企業自体、欧米を手本にという目標がありました。「みんな一緒」で、1つの方向に向かって、まじめに力を合わせて……。ようするに、画一的でも減点がなければすんだのです。これからはそうはいきません。企業の中でも二極化し、大きく分れていきそうです。

ひとつは、目標を持って個性を売りものに個人戦で戦う人（周りを巻き込んで）。もうひとつは、まじめに一生懸命、個性を出すことなく歯車として団体戦で戦う人です。ところで、あなたは「どうなりたいのか」「どうしたいのか」。

博報堂は個人ビジョンを持ち続け、やりたいことのある人にはとても楽しい集団です。やりたいことを尊重し、個人の目標を買うからです。そしてそこには、集団と個人がお互いに向上していける仕組みと人間の関係があります。しかし、自由と自立には光と陰が伴ない、自由と自己責任、そして競争によって選別がつねに起こってきます。横並びじゃない。一緒じゃない。タテに長く伸びていきます（当り前と言えば当り前のことですが）。何をもって自分の存在感を示していくのか。会社人ではなく1人の仕事人としての目標を、ぜひ持ちたいものです。

33

難しいことはやさしく。やさしいことは深く。

「3週間考えて、
30分で書け」
DDB（アメリカの広告会社）

広告コミュニケーション自体、分りやすさがすべてに優先します。特定の人でも、特殊な人でもなく、世の中のたくさんの人との対話に持ち込もうとするのですから。

このタイトルは井上ひさしさん（作家）が話されたことですが、私自身つねに考える時、書く時の第一のハードルにしています。

制作現場2、3年生の頃、パンフレットを右においてコピーを書いていたら、先輩からどやしつけられました。「右から左へ書き写すようなコピーを書いてどうするんだ。パンフレットを読み、資料や周辺情報を読み、一旦捨てて自分の身体を通し、自分の言葉で書け」。コピーライターはジャーナリストであり、企業の言葉を生活者の言葉に翻訳し直す翻訳者だ、とも。その時は完全にコピーライターとしての存在を否定されました。コピーライターのいる意味がないのです。

これは広告人だけの話ではなく、すべての人に通じる話です。情報を入れて、入れて、飲み込んで、自分なりの意志と判断を持って、自分の肉声で語ったり、書いたりすることが必要です。その時、送り手（書き手）に充分な余裕がなければ、やさしくは書けません。また、やさしく書くと、どうしても薄っぺらに見えたりするのでは……と気になります。それは内容の問題で、難しく書いたって、中身のなさはすぐバレます。どっちにしても、「やさしく・深く」は難しいものです。

34

「いてもいい」から、「いないと困る」へ。

「人と違うことを考え、
人と違うものを創る」
それが自分の求心力となる。

「自分の能力を金に変える」これがビジネスです。そのためには自分の売りものを持つこと。自分の得意技を創ることです。他との差別化を考え、ユニークさを創る。そして時間をかけ磨いて競争力にしていくのです。なぜなら、社会や生活者が「個性」を中心とした活動に大きな関心を持ち、評価しよう、としているからです。

その自分を磨くステップをあらためて書いてみます。

❶自分の棚卸し（振り返る・再認識する）をする❷どんな強みがあるか・どんな好きがあるか❸徹底して自分をほめ続け、探り出す❹それを取り出し言葉化し、さらに強める❺それを核にし周辺の強みも集め、骨太で確固たる価値に磨いていくのです。

自分の存在価値を出すには近道はありません。時間をかけ磨き続けたものが評価され、尊敬されます。存在感こそ自分ブランドです。企業ブランドと同様に、「いてもいい」から「いないと困る」人になることです。

今の複雑で多様な世の中は、計算できない、イメージできない、読みきれない。そこで、ビジネスでは「誰が」がとても重要になってきました。「誰がやるのか」「誰にやらせるのがベストか」「誰なら新しいウズを起こせるか」。またチーム作業の後でも、「これは誰がやったのか」が見えるものです。組織力で攻めていって、最後、ゴールするのは誰か。「あなたがいないと困る……」という存在感がすべてです。

35

「情報と知識と知恵」の関係。

創造的な人間は
「モノ知り」になりたがる。
「モノ知り」になると
新しい組み合わせを創りたがる。

今、モノを知っていることだけで、ビジネスにはなりません。情報を異質な情報と組み合わせ、加工し、「知恵」に変えて初めてビジネスになります。ＩＴ化社会は洪水のように情報が流れ込んでくる社会。また、その中で課題を次々に生み出している社会でもあります。毎日のように求められる課題解決。知恵なしでは先に進めません。知恵（アイディア）の出し方は、第３章43・創造とは「情報の組み合わせ」でお話しするとして、ここでは、情報と知識と知恵の関係を知ってもらいます。

❶『情報』――断片的でまとまりのない特定の事実。データをある解釈によって整理したもの（データ＝事実を定量的に表したもの）

❷『知識』――一群の事実を体系化したもの。情報をある目的や活動によって分析し、思いを持って集めたもの

❸『知恵』――知識を生活や行動に組み込んだもの。事実が完全に同化吸収され、新しい洞察を生み出したもの

このように３つが重なりあってアイディアになり、コンセプトになっていきます。言ってみれば、「情報」は素材。ある料理のための素材として集められた「知識」が、感動させるものへと調理されたものが「知恵」です。知恵で勝負するとは、新しい料理法が受け入れられるか。「えッ！　こんなおいしさがあったのか」と。

36 好奇心が最大のエネルギー。

20案、30案は理性ですむが、
そこから先、
感性でつき抜けないと
人は驚かない。

「知恵の生産会社」を目ざすだけあって、博報堂の社員1人1人は自らの売りものを、創造性においています。しかも、世の中に対して「知恵」で勝負するのですから、組織も人も革新し続けないといけません。メーカーが新商品で進化し続けるように。

こうした企業風土のせいか好奇心がとても旺盛です。好奇心をエネルギーに、創造性というエンジンを動かしているのでしょう。

昔から、創造的な人間はモノ知りになりたがる、と言われています。モノ知りになると、情報が入ってくる／情報が貯まると、見えなかったものが見えてくる／全体が見えると、新しい組み合わせを考える／次々に発想を飛躍していく／新しい関係づくりを面白がる……。このように、いいサイクルが生まれてきます。とくに、異色なカルチャーとの接触が、いつか新しいアイディアにつながるだろうという想いが強いからです。また彼らは、思考が上下左右に移動し、柔軟に行き来します。「頭が柔らかい」と言われる状況です。これも、それだけモノを知っているからでしょう。

〈創造性豊かな人とは〉❶好奇心が強い❷すぐ熱中する❸関心領域が広い❹衝動的❺攻撃的❻言葉の使い方が巧妙❼自信が強い……

広告人は常時レールのないところを走らされています。好奇心というエネルギーで創造性を磨き続けることが必須なのです。

37
発見名人になろう。

気づかなかったことを
気づかせてあげる。
見えなかったものを
見えるようにしてあげる。

いいクリエイターは、普段のことにおそろしく気がつく人です。発明家じゃなく発見家と言ったらいいのでしょうか。広告は生活者のものです。人間の暮らしの中に深く入っていくものです。一番大切なものは、私たちの生活の周辺にあります。

生活のディテールに入ろう。気づかなかったことを気づかせてあげる、見えなかったものを見えるようにする……。「えッ！　こんな見方があったのか」と。生活実感があって初めて情報というものが生きてくるのですから。発見名人になるためには、観察・洞察が基本です。足で知る・足で考えることを早くから身につけること。私の経験で言えば、新人の頃のデパートウォッチング。毎日のようにデパートの8階から地下まで、午前中かけて観察し続けました。制作者にとっては、どんな業種の、どんな商品が担当になるか分りませんし、老若男女、誰とコミュニケーションするかも分りません。20才台の若僧としては、ひたすら観察し深掘りするしかないのです。とくに、❶いいものを見る・いい眼を養うこと。❷人の気配を感じとること。この2つがテーマだったと思います。続けること3ヵ月。その後は、街の中を歩かされました。現在自分が持っている好奇心は、その時手にした財産だと感謝しています。

足で学ぶ……。真実の発見だから、そこに力があります。発見は小手先では生まれません。そう言えば「コピーは足で書け」と、40年も前に言われていました。

38

専門を超えた複合型人間。

複合型人間。
コスモポリタン型集団。
これからは
統合領域もひとつの専門性だ。

企業の課題がしだいに複雑さを増しています。生活者が読みにくい上に、市場競争は激しくなる一方。例えば「モノが売れない」。この一言に、売れない要因が何10となく重なり合い、複雑にからみ合っています。それは自分の専門性だけでは解決できません。専門を超えた複合型の人間がどうしても必要になってきています。全体を引いて見て、複数の視点で考え、仮説を立て、課題解決できる人です。アメリカでも、複合的に発想できるダブルメジャリング（複合才能）が求められています。

博報堂も早くから職群を横断した統合へのアプローチが進められました。MDU（マーケット・デザイン・ユニット）もそのひとつ。コンテンツ領域（マーケ・制作・SP・PR・キャスティング）を軸足に、マーケティングからマネジメントに関わる情報戦略の全体構成ができるプロデューサー集団を目ざしています。このように、複合機能で応えられる強みを競争力とするために、全社員がプロデューサーへ。専門性にこだわることなく、夢を語れる人が引っぱればいい。複合機能を発揮し、旗を振れる人はどんどん走ればいい。そんなコスモポリタン型集団の空気があります。

タテ割りの専門性で対応できた時代から、総合的なソリューション対応の時代へ。単機能（専門性）では解決できないキワのない仕事が、これからのビジネスです。統合領域もひとつの専門性として、これから確立していくと思われます。

39 五感を磨く。

「知る」ことより
「感じる」が大切です。
五感は、
時代をとらえるセンサーである。

私たちの五感に触れるものすべてが情報です。視覚・聴覚・嗅覚・味覚・触覚それぞれのアンテナが敏感であるかどうかで、感性は決まってきます。頭の中で論理的に組み立てる力も大事ですが、まず入り口の五感。五感から入ってくる人間の洞察が、今や創造のキーになっています。人を通して、テレビや書籍を通しての2次情報でなく、自分の身体で自分の五感で感じる1次情報ほど確かなものはありません。ただし錆びついていなければの話ですが……。自分の身体を通すだけに、喜びも、楽しみも、温もりも、怒りも、美しさも、驚きも感じます。単なるモノゴトを知る、とは違います。だから、創造性にリアリティがあり、説得力が生まれます。

そう言えば、生活総合研究所の関沢英彦さん（当時所長）に、新人の研修をお願いしたことがあります。テーマは「21世紀偶然観光」。新人それぞれに、アトランダムに組み合わせた3地点（例えば錦糸町・目黒・巣鴨）をタウンウォッチングしてもらいます。その3地点から共通項を見つけ、そこから21世紀への提案をすること。その日から連日街歩きです。街自体をそういう視点で歩く経験がなかっただけに、頭の中はパニック。どこから何を見、どのように動いたらいいのか、身体が動かなかったようです。しかし、街や人を見、感じる体験は強烈に残り、初めて五感を使うということを感じてくれました。当然、彼らの財産になったことは言うまでもありません。

40 創造力より想像力。

情報がそろっても、
「その先」を察知するのは
勘だ。想像力だ。

想像力は夢見る力（イメージを描く）で、創造力は夢を実現する力（カタチを創る）です。

今ビジネスマンには、この2つの「そうぞう力」が求められています。すべて「人と違うことを考え、人と違うものを創る」ことで差別化となり、競争力となるからです。企業も個人も、人と違うことでオンリーワンとなり、存在感を増し、信頼され続けてブランドとなっていきます。その基盤は「そうぞう力」。

とくにビジネス社会では、「想像力」がすべての行動に要求されます。

❶想像力は夢見る力。その夢やロマンや世界の深さが、熱さが、そのまま発想の大きさにつながっていきます。オリジナルな夢を見るから、オリジナルなカタチに結びつく。すべてのアウトプットは想像力にかかっています。

❷自分の見る夢だから、想いもこだわりも強くなります。自分の見る夢だから、説得力も増します。結果、オリジナルを生みます。価値の源泉は想像力なのです。

❸左のキーワードも、すべて夢見ることを求められているのです。

・新しい世界を描くイメージも　・個性ある価値づくりのコンセプトも　・企業のあるべき姿を描くビジョンも　・新しい知恵を生み出すアイディアも　・変化を予測するのも　・全体を読むのも　・人の気持を洞察するのも、すべてが想像することから始まります。「こうしたい・こうなりたい」熱い想いが込められることが前提です。

41
ロングランさせるには創る人の力がいる。

「この先5年、これでいこう!」
と言わせられる
提案をしたい。チカラを持ちたい。

年々、市場は騒々しくなる一方のようです。飽和状態はさらに続くことでしょう。とは言え、目の前の変化よりも根っこをずっと見ている姿勢を大切にしたいものです。「すぐ売りたい！」そのニーズはよく分ります。だからと言って一発屋はいやです。たまたま振ったバットに当ったような広告では、プロとして悲しい。半年1年で陳腐化するような広告なんて、あまりにも寂しすぎます。たとえテンションを上げても、すぐあきられて落ちてくる。またコストをかけて引き上げにかかる。繰り返すばかりです。ツギハギだらけの広告で、結果、企業に何が残ると言うのでしょうか。

『この先5年、これでいこう！』

と言わせられる仕事を目指しましょう。同じ「売る」がテーマであっても、「企業を通してモノを売る」揺るぎない姿勢を持って。そして、その先のブランド、企業のアイデンティティにつながる計算が必要です。つねに長めに考えることで、ブレも揺れも少なく、耐久力を増していきます。しかしロングランさせるには力がいります。点（表現）だけでは動きません。360度の戦略と仕組みが必要です。そして継続する信念を持ち続けることなのでしょう。イタリアの「ブルガリ」（宝飾業）が100周年を迎えて、トップは語りました。「次の100年、ブルガリであり続けるために、今から何をすべきか。それが私の仕事だ」と。この姿勢がブランディングの精神です。

42
近道を求めない。直線を歩かない。

自分の中で発酵させる
時間を持とう。
そして、
自らの熟成を楽しもう。

ビジネス社会では、何ひとつ同じ課題はありません。人もモノも市場も、これだけ激しく動いているのですから、同じになるはずがありません。私たちの課題解決とは、その動いている瞬間をとらえながら、さらに先を読んで知恵を出していくことです。当然、手本もない、方程式もない。マニュアルでは対応しきれません。と言うより、つねに違いを創るのが仕事なのですから。その前提の上で、変化対応の体質づくりです。近道はありません。考えて考えつくすことを習慣化することです。京セラの稲盛名誉会長は「考えて、考えて、考えて、見えてくるまで考えぬく。そこまで追い込まないといけない。深く考えぬいてこそ、前例のない仕事や創造的な仕事はやりとげられる」と。間に合わせで創ろうとするとハウツーに頼りたくなります。

創造するとは、「情報の組み合わせ」です。

情報を集めて、飲み込んで、自分の身体の中で発酵させる時間が必要です。自らの中で熟成させるから、自分の言葉でしゃべれるのです。自分の温もりも伝えられます。こうした道のりは、一見遠く思えても、その結果、自分らしいチカラとして蓄えられていきます。ギリギリまで考える。発酵させ、閃きを待つ苦しみや悩むことを知り、最後まで突きつめることを身体で憶えます。「来た！」「抜けた！」。辛さはあるが、それを超えた時の快感を手にする頃、自らのスタイルが身につきます。

43

創造とは「情報の組み合わせ」。

「アイディアは情報にしばられる」
インプットなしで
アウトプットは絶対ありえない。

著書『アイデアのつくり方』（阪急コミュニケーションズ）の中で、ジェームス・ヤング氏は、創造の原理・原則として次のように語っています。「アイデアとは既存の要素の新しい組み合わせ以外の何ものでもない」。また、作家の藤本義一さんは、「発想は無のところから忽然《こつぜん》と湧くなどありえない。今までの蓄積された知識や経験をうまく引き出して、現実のテーマと組み合わせる。この作業が発想です。当り前だが、人間は知っていることと体験したことしか表現できない」と。

まさに真実です。何もないところからパッと閃くなど、ありえません。エジソンだって99％の汗と1％のインスピレーション、と言っているじゃないですか。ひたすら情報を集めたり、体験したりしたその結果から、アイディアは生まれてくるのです。

では現場では、どういうプロセスをふむのか。

❶インプットあってのアウトプットだという姿勢を持つ（入っていなければ何も生まれない）❷テーマに関連する問題を理解する（何ができればいいのか。何が大事か）❸テーマ関連・周辺と他領域の情報を集める❹自由な環境のもとで新しい情報の組み合わせ、新しい関係を探る❺アイディアやイメージを数多く出す❻検討し、組み立て直し、仮説を創る❼寝かせて、閃きを待つ❽アイディアを設定し、言葉化する

このように創造力は、情報の組み合わせ能力だ、と言われ、センスも問われます。

44

課題解決にデザインが効く。

直感も洞察も信念も
アートの領域だ。
ビジネスのアート化なしに
差異化はない。

生活者優先社会は個性を求め、デザインにお金をかける時代となりました。「機能が充分でもデザインが気に入らなければ買わない」と、若者81％、主婦80％（博報堂生活総合研究所）。機能よりデザインを求めていきます。単に豊かになったというだけでなく、個の主張がより強くなってきているのです。生活者のIQもEQも感度も、さらに高くなっていくとしたら、アート感のないものは消えていくしかありません。

日産のゴーン社長は「技術が進化するほどにデザインが差異化となる」とデザイン力を高めることで企業を活性化させてきました。ご存じのように、アップルコンピュータも無印良品もユニクロもデザインのサクセスストーリーでしょうし、デザインのチカラを経営の中心に位置づけている企業は数多くあります。例えば、IBM。「グッドデザインは、いいビジネスを創る（いい会社は、いい感性を持ち、いいビジネスをする）」という理念からスタートし、精神がロゴに込められています。「これからの商品に意味を与えるのはデザインだ」とフィリップス社。「ソニーデザインの特長は真似をしないこと」でSONYブランドを創る。などなど、ビジネスのアート化は、企業の個性化であり、競争力であり、経営戦略そのものになっているのです。

そこに、さらなる高付加価値を求める波。真の豊かさ、楽しさを創り出していく時代へ。デザインは未来へ提案していくチカラに満ちています。

45

全体のストーリーが描けるか。それがチカラだ。

全体が読めるか。
先が読めるか。
流れが読めるか。
人の気持が読めるか。

マーケティングでは、全体を把握することと、何が一番問題なのかを発見することが、大きなポイントです。情報がたくさん集まるほどに、全体が見えてきます。高い位置から俯瞰《ふかん》するのですから、どこに何があるか、が分ります。複雑な課題も、どこからほぐすか、糸口が見えてくるものなのです。部分部分で解決しようとしても、振り回されるだけで、本質的な解決にはなりません。

例えば、サッカーでもラグビーでも、出たとこ勝負なんて話は聞いたことがありません。始めに、相手を含めあらゆる情報を収集します。そこから仮想のゲームプランを作成。そこにはフィールドのことも、天候のことも組み込まれているはずです。そして、幾通りものゴールシーンを設定します。その時、部分部分はどうするのか。それは全体の動きにつながっているのか。ゲームマネジメントが行われています。

４２１９５ｍのマラソン全体のストーリーの中で、１㎞ごとの区間をどう戦うか。18ホール×４日間の全体とラウンドごとをどう戦うか。

全体構想があって、完璧に部分部分ができるのがプロです。あるビールメーカーの宣伝部長は「広告会社には、５年先10年先のブランドの状態を想定し、より客観的な視点を大切にした企画立案とパートナーシップを望んでいる」と。全体と部分でワンセット……プロへの期待はここにあります。

46

「モノ」を売るのではなく、「意味」を売るのだ。

ニーズがあって
そこに「意味」が生まれ、
「意味」があるから
創造は刺激される。

今モノの「意味」が問われています。モノの機能や効率を売るのでなく、そのモノが自分の幸せに何をしてくれるのか。感動や幸せや快適さに通じる「意味」を売るのです。その意味をどこまで広げ深掘りして、生活者に翻訳し直してあげられるのか。広告会社の役割はここにあります。日産ミニバンの例ですが、モノの機能でなく、家族との思い出という意味を売ることをコンセプトにして、「モノより思い出」をスローガンにキャンペーンを展開。多くの父親の琴線に触れたようです。

メーカーはつねに、その一歩先を行かないといけません。「できたモノをどう売るかでなく、売れるものをどう創るか」という発想が不可欠なのです。モノに新しい意味や価値をつくることが先決です。そして、そこにニーズに合う意味があるから、情報価値を生み、新しいメッセージとなっていきます。

ここで企業と一緒になって、「どう売るか」でなく「売れるモノをどう創るか」の発想からスタートしていくのが博報堂スタイルです。新しい快適さ、新しい幸せ感につながる意味を、どう発見するか。モノを新しい暮らしの中にどう提案してあげるか。気づかなかった新しいモノの見方、新しい使い方をどう共感させてあげるか。

「モノでなく意味を売る」――視点そのものが競争力になっていくのです。

これからは、発想の入り口が違うことを、自らの売りものにしていきましょう。

47 約束のないプランニングはない。

戦略のない表現はない。
「どう言うか」より
「何を言うか」が先だ。

『ある広告人の告白』（ダヴィッド社）でD・オグルビーが語った〈どう言うか、の前に、何を言うか、が大事だ〉という広告人の姿勢が、今やビジネスの常識のように浸み込んでいます。広告の本のみならず、一般ビジネス書の中にも書かれているのです。プランニングで欠くことのできないイ・ロ・ハとして。「まず約束することだ。大きな約束をすることこそ広告の本質だ。How to sayでなくWhat to sayなのだ」と。

私たちは、つい、「どう言うか」と表現に走ってしまいます。トレンドを探ったり、旬のタレントや話題の文化人を探したり、イメージの世界に頼ってみたり……。チカラのない人ほどやってしまいます。「まず、何が言いたいのか。どうなりたいのか。何をしてあげられるのか」。どうアウトプットを創るかではなく、新しいコンセプトを見つけることが先決なのです。世の中を、市場を、生活者を洞察し、どんな情報価値が人を感動させるのか。効果的な広告は、「何を言うか」にどれだけのエネルギーをかけたか、で決まります。

制作で言えば❶戦略と❷表現。❶のテーマづくりやアイディアという、コンセプチュアルな部分での革新性があって初めて、独創的な表現につながります。何が言いたいの？　どうしたいの？　どこに向かうの？　と言われないために、「確かな約束」を。適切な約束を選び出すことが、いちばん大切なことです。

48

俯瞰して、想像して、創造して「全体最適」。

情報戦略を
すべて計算できるのが、
一番頼りがいのある
パートナー。

複雑にからみ合った課題をどうほどくか。どう組み立て直すか。「マーケットをデザインする」パートナーとしては、とても面白い作業です。

今企業では、「問題は見えている。しかし、これを誰が、どこから、どう解決するのか、に悩んでいる」と言われます。問題は見えた。どこから手をつけるのか、その糸口が見えないのです。例えば、10人集まって問題提起してもらったとします。「シェアが伸びない」。各セクションから選ばれた人ですから何10となく課題は出てきます。❶モノ以外の問題点が出る❷全社にまたがる❸関連性を持つ❹複雑にからみ合う❺何が重要か、順位がつけにくい❻部分では解決しそうもない❼経験が通じない❽手本がない❾周辺情報しかない❿変化のスピードが早い⓫異業種の市場参入⓬読みきれない生活者⓭価値観の変化⓮捨てきれない大量販売⓯全体の設計図は誰が描けるのか。

❶〜⓯はシェアアップのための課題イメージです。現実からそう離れていません。

では、どこのボタンを押すのか。まずイマジネーションを働かせましょう。

全体を俯瞰してみることから始まります。何が足りないのか。何が問題か。どうしたいのか。情報がたくさん集まった中から、全体に引いてみると意外に見えてきます。想像力を働かせ、何が一番問題なのか、順位づけする。それを「核」に、戦略を組み立てていきます。市場を動かすためには、部分だけ直しても解決になりません。

49

多彩なビジネス体験からの、発想。

広告会社では
1つのJOBごとに
新しい会社に入社した気分です。

コピーライターとして博報堂に入った時（中途入社）、初めて担当したのが味の素でした（マヨネーズ新発売のメンバーとして）。そして、シェル石油、富士写真フイルム、花王石鹸と、担当するたびに、まるで新しい会社に入っていく新入社員の気分です。これはとても新鮮な喜びでした。何10社という企業を体験することができるのですから。

当然、担当する企業・商品に合わせ情報収集が始まります。例えば花王の基礎化粧品「ソフィーナ」の新発売。商品知識とマーケティング、データ読み込み、研究所・工場取材、競合各社のマーケティングと競合商品、外資系企業の姿勢、化粧品の歴史、広告の流れ、イメージ戦略と販売、市場動向、流通・店頭、女性の意識、女性誌・情報誌の情報、広告表現などなど、いっきに情報収集へと入っていきます。こうした情報を手に入れることにより、しだいに全体が見えてきます。ジグソーパズルのピースが埋まるほどに、全体像が浮き出てくるように。ひとつのＪＯＢに対して情報の裾野を広げていくことによって、コンセプトメイキングを確かなものにしていきます。まるで化粧品会社の社員の気分です。

このように、企業が変わり、業界が変わり、その中で手にする情報が幾重にも重なり合っていく……。それが異質な情報の組み合わせとなり、新しい発想へとつながっていきます。これを体験する幸せを認識することで、次に生きてきます。

50 創造とは破壊だ。

「リスクのないアイディアは
クリエイティブとは言わない」
江崎玲於奈氏

創造とは「新しいものを独自に創り出すこと」です。過去を否定し、前例を壊すことで、新しさを創り出していきます。

習慣やルール、価値観を捨てることです。アイディアもコンセプトも表現も、すべて破壊によって始まります。しかし、捨てるって、とても難しいことです。

今のルールに寄りかかったり、実績に頼って考えるのは、安心と言えば安心です。その結果、今までいい思いをしていた企業や商品ほど、対応が遅れて動きがとれなくなるものです。どうしても過去を引きずり、壊せない……。周りを見渡してください。ビジネスの中で壊してみたいものがたくさんあるはずです。時代はつねに動き、いっときも同じ状況はありません。人間の集団だから、価値観や習慣はつねに変化しています。その時代に一番合った入れものを考えるのが創造性です。

「この手は新しい！」こんな商品が、こんな売り方が、こんな切り口があったのか！今までのものが色アセてしまうような発想は、破壊することで生まれています。

例えば、一度壊して新しい価値観を提案したサントリー「伊右衛門」。

高品質な日本茶＝商品（清涼飲料）＝工業製品の流れを壊し、「日本の心」として文化を売る・安らぎや憩いを売るコンセプトで評価されています。モノの価値からココロの価値へ。今までの価値観を捨てることで、新しい日本茶の切り口が生まれました。

51

生活者のニーズに合うから「情報価値」。

自慢できることが自慢にならない。
魅力が魅力でなくなっている。
どんないい商品でも
「情報価値」がなければ
ないに等しい。

生活の個性化、多様化が進むと、人々の欲望が分散して見えにくくなってきました。コミュニケーションでもっとも大切なことは相手を知ることです。ところが1人1人の欲望が読めません。と言うことは、企業と生活者との双方のコミュニケーションがうまくいっていない、とも言えます。本来、商品、サービスにそれぞれ語るべき情報がありました。しかし、その情報に価値を見出せなくなってきているのです。

自慢できたことが自慢にならない。魅力が魅力でなくなってきている。あらためて生活者や社会が求める価値はどこにあるのか、を見きわめる必要があります。

次に掲げるのは、情報価値づくりの構造です（相手の関心事を正確に見極めること）。

Ⓐ実質的価値（当り前のことになりつつある。差が見えにくい）——商品、技術、原料、工場、研究所、販売、サービス、品質管理、機能、効能、店頭、他

Ⓑ情報的価値（世の中にメッセージできる差別化の要素）——商品・サービスの新機軸、新技術、生活スタイル創造、理念、経営者、ブランドビジョン、地域密着、社会巻き込み型の提案・貢献、広告、デザイン、イベント、生活者志向の施策、不の解消、他

Ⓒ総体的価値（企業のアイデンティティ）

このようにⒶ×Ⓑ、実質的価値に新しい情報的価値を加え、Ⓒのブランド価値づくりへ引っぱっていきます。生活者と双方向で創る、そんな意識が不可欠です。

52
コンセプトとは「ユニークな主張」の合言葉。

コンセプトのない企業は
コンパス（羅針盤）のない航海を
強いられているようなもの。

私たちのビジネスの大半は、課題解決だ、と言われています。「もっといい方法はないか。もっといいモノはないか」と、つねにベストを求められています。その考える・創る基本姿勢は「人と違うことを考え、人と違うものをどう創るか」です。

最大の要素は「コンセプト」の発見、合意、確立です。

日本語で概念、着想とも言われますが、今までアイディアとかテーマとかと混同されたりし、あいまいに使われてきました。ここでビジネス社会を考えて、あえて定義するなら「ユニークな主張」「ユニークな価値観」と言っていいかもしれません。それはクリエイティブな作業以前に、必ず存在するものです。またユニークと言うだけに創造性を要求され、思想が反映したものでなければなりません。

「この企画のコンセプトは？」と聞かれたら、この企画に独自の主張なり、新しい価値観があるのか、すべての行動の指針になっているのか、を問われているのです。ところで、今なぜ「コンセプト」が強く求められているのか。モノも人も事業も企業も、存在するものには概念（コンセプト）があります。その概念を変えていかないと、この価値観の揺らぐ時代、生きていけません。独自の価値観を持つことです。

生きるとは変わること。そのコンセプトの再生・再構築が不可欠なのです。激しい競争市場の中で、提案性と戦略を持つコンセプトが、命運を握っています。

53

プロは切り捨てる。アマチュアはすべてとり込む。

「足し算」より「引き算」が基本。
単純な構造ほど、
人を感動させる。

複雑な時代だけに、分りやすさがキーになっています。制作新人の頃、あらゆる角度から情報を集めて、いざ企画書となると捨てきれません。あれもこれも詰め込んで、得意先から「君はいったい何が言いたいのか」と、たびたび言われたものです。

何が大事か。どう順位づけるか。捨てた情報がとても大切に思えたりしてきます。切り捨てることはとてもチカラのいることです。全体が見えないと判断できません。相手が読めないと切れません。仮説を持たないと捨てられません。プロは捨てます。バサッと切ります。単純さの中で勝負します。

ここでは、人に理解させ、感動させるために、引き算の中で技を磨く話です。

・アメリカで言うエレベータプレゼン。15秒のうちに核心を伝え、説得できるか。
・企画書は、電話で企画を売り込めるくらいに、簡単に、分りやすく、感動を。
・ムダなものを切る。余分な枝葉を切る。その木の美しさを引き出すのが職人。
・「愛は飾らない」のコンセプト。シンプルさの中に情報感度の高さを見せる無印良品。
・足すから引くへ。満ち足りた商品から、どう引くか。カロリーOFF、糖度ゼロ。
・「私たち演奏家の究極の勝負どころは、強音域より弱音域の表現。チカラがないと豊かで美しい色彩感は表せない」とピアニストの中村紘子さん。
・単純な構造ほど感動しやすい。名人は捨てる。けずり落とす。と作家の倉本聰さん。

54

一番重要な情報は、人が運んでくる。

平均的な
「客観的な事実」より
1人1人の多様な
「主観的な真実」に学ぶ。

「創造とは情報の組み合わせだ」と何度か書きました。この情報で一番大切なのは人間です。どこへ行きたいのか、何をしてほしいのか、何が大事か。創造の素は人間が運んでいるのです。本質をつかんでいる、先取りしている、生きている、何より新しい……と。人間観察の深さが、ビジネスの根っこになっています。人間の存在を意識しないと勝ちぬけません。それには自ら、現場で観察する習慣をつけること。そして、洞察する力、ものごとの核心をつかむ力をつけることです。

データや情報に表れている「客観的な事実」は、もう表に出たもの。過去のもの。しかし、人を洞察することによって発見するものは「主観的な真実」であり、1人1人とコミュニケーションする一番のポイントです。平均的なモノの見方をやめてこそ、オリジナルな発想が生まれてきます。

アメリカの広告会社では、「レッグワーク」と言って足で学ぶことを徹底しています。データ、情報は当然のこととして、研究所、工場、売り場、購入者、通行人、街、空気を含めた取材や観察を繰り返し行うのです。とにかく現場で真実を求め、「明日の芽」を発見することを大事にしています。

「なぜ動かないの。なぜ反応しないの。なぜ無関心なの」。生活者を見て見て見続ける。そのことの大切さは、いくら強調してもしすぎることはありません。

55
すべての仕事は、人間に突き当る。

論理で説き伏せても、
どこか心の底ではうなずかない。
「いいけど、好きじゃない」
人間は、非合理性で動く動物だ。

「人間は合理性20%、非合理性80%で生きる動物だ」と言われています。数量になって表れる（従来のマーケティング）部分は20%。それ以外の80%はエモーショナル（感情、情緒）の部分で、とても計量が難しいものでした。しかし、生活者優先で、モノ余りの社会。単に購買した結果を追うのでなく、「何を考えてこのモノを手にしたか」を探り出す能力が必要になりました。ポストモダーンマーケティングの志向です。

「なぜ買わない？」「なぜ動かない？」こうした個の動きをとらえ、生活者のニーズに合ったものを創り出し、より深い満足を提供していきます。

さらにIT化が進化しても「想像し、創造し、判断する」ための情報と人間の知恵が欠かせません。どこまで人間を知っているか、それがキーになります。

今コンシューマインサイト（消費者洞察）というマーケティング手法が広がっています。消費者の行動や心理を個々人の内面まで深く入り込み、製品開発やマーケティングに生かしていこう、という考え方です。今までの、市場にどっちのタイプの人間が多い（定量）では、とても個人が見えません。ほんとうに望んでいるものは何か、鋭い洞察でインサイトを立て、それを戦略立案のカギにしていきます。

企業も生活者も、人と人との関係においてのみ、真の豊かさを手に入れることができる……。ビジネスの原点は、「人間」です。

56

「頭の中で絵が描ける人」が、欲しい。

「頭の中で絵を描く。
自分が描いていなければ
読者が理解できるわけはない」
早乙女貢氏(作家)

今ビジネスで一番欲しい人、求められている人は、頭の中で絵が描ける人です。チームが理屈をいくらぶつけ合ったって、共有の絵やイメージがないと、ただグルグル回っているだけ。ポーンと空中に絵を描いてくれると、突然、会議は動き始めます。

石井威望さん（東大名誉教授）の言うイマジネーションマネジメントが必要なのです。「技術開発の時、どうしても必要なのが、絵に描いてくれるアートがかった人です。パッと視覚化してまとめてくれる人がいるかいないかで、チームコンセンサスとか意欲とかやる気とかロマンが決定的に違ってくる。そのイマジネーションマネジメントできる人がリーダーになれるのです」

私たちの広告ビジネスの中では、頭の中で絵を描かないと思い通り進みません。絵を描くとは仮説を立てること。仕上がりイメージを描くことです。複雑な課題の中から絵を描き、大きく旗を振ってくれます。「こんな世界でやってみたい」「こんなイメージのキャンペーンを」「こんなストーリーの企画書を」と。すると、幾多の悩みが消え、足かせが解け、いっきに会議が動き出す。そして、最初の絵にみるみる色がつけられていくのです。また、その絵に触発され、別のアイディアや世界に広がっていく……。創造的なビジネスを進める上で、欠くことのできない発想スタイルです。

まず手初めに、「こんな感じ」とゴールイメージを描くことから始めてみましょう。

57

「はやる」は「すたる」。トレンドは腐るもの。

「人が喜ぶから」

「人が面白がるから」

「人が見たがるから」。

でも、あなたの志は
どこにあるのですか。

ここで、このタレントを使うとパッと話題になり「受ける！」というケースは多々あります。今、旬の人は？　今、話題のエンターテイナーは？　そんな誘惑に負けそうになりながら踏んばります。企業にとってもっとも大切なことは何か。何を目指しているのか。何が必要なのか。何が言いたいのか。その基本姿勢はくずせません。

明解なコンセプト（ユニークな主張）が決まったあと、誰に言わせると説得力があり、信頼につながるのか。トレンドに頼るのは、そんな計算の上でなされるべきです。時には瞬間芸としてのパワーやトレンドセッターとしての役割を求められることもあります。しかしここに酔いしれると、すぐ鮮度が落ちるし、腐りやすいものです。生活者からはその程度の企業にしか見られません。明るいのはいいが軽さはいやです。

そこに、これでロングランできるか、企業全体を巻き込めるか、企業の資産価値につながっていくか、ブランド構築できるか、の視点があるかどうかです。

広告は、人もカネもエネルギーも使います。その結果、イメージの累積もなく、企業のアイデンティティにもつながらないようでは、むなしすぎます。点でなく面で考える。長めに考えることで、本質につながる。これがパートナーの姿勢です。

すべてのビジネス社会に言えます。一発主義は、便利屋として使われますが、一巡すると信頼されなくなります。寂しいものです。

58

期待を超えた、嬉しい裏切り。

相手のことを考えるだけでは
最高の答えにならない。
期待を超えたところに
感動はある。

私たちの仕事は、得意先企業が求めているものを提供するだけではありません。企業が気づかなかったことを、見えなかったものを提案し驚かせることです。相手のことを考えるだけでは、最高の答になりません。相手をいい意味で裏切ることで感動は生まれ、その連続で、企業の信頼や生活者の支持が得られます。

私は相手とキャッチボールをする感覚で、企画書を書いたり、表現したりします。「きっとあの人は、こんなことを期待している」と考え、そこに合わせるのでなく超えることです。「えッ！　そこまで考えたの」と嬉しそうに驚くのが、快感です。感動は、期待を超えるから生まれます。そして個と個としての信頼も芽生えます。

こうした考え方は、すべての企業に、商品に求められています。21世紀、ハードもシステムも成熟し、その中で、高い顧客満足度を提供するために何をもって応えられるのか。顧客の期待をどう超えられるのか。高い技術力、高い商品力の上に、新しい喜びや楽しみを与えることもひとつの切り口です。

そのひとつの傾向として、あらゆる業態がサービス化の流れにあります。サービス産業は当然のこととして、銀行も医療も、教育も不動産も電話も宅配も。まるで産業の大部分がサービスの提供者であるかのように。高品質の上に期待を超えたサービスを……と、顧客の驚きを探しています。どこまで嬉しい裏切りになるのか……。

59

日常がすべて。毎日が研修。

人間の観察の深さが
ビジネスの根っこになる。
最高のビジネスマンとは
「人間通」。

「考えて考えて考えて、見えてくるまで考えぬく」。しかし、手持ちの情報のない人は、すぐ途絶えてしまいます。創造は「自分の持っている情報にしばられる」という原理原則を認識してください。それには毎日情報を貯え続けることです。ただひたすら……ということが大事です。野球の素振りのように。これをやったからといって突然うまくなるとは思えないが、やらなければ確実にチカラは衰える。情報が貯まるほどに、情報を組み合わせる発想力は確実に高まります。

博報堂でやっていた例ですが、連日キャッチフレーズ100本。新人コピーライターに100本ノックの雨を降らせます。最初の20~30本は手持ちのもので書けても、そこから先、産みの苦しみが待っています。今までの自分の行動半径の狭さ、視点の狭さ、情報のなさを思い知らされる期間です。

毎日の研修として、人それぞれの方法があるようですが、私は新聞をスミズミまで読む情報収集は、今でも効果的と考えています。あるP社の研修「発想レッスン」のテーマは「メディアウォッチング」。1ヵ月間新聞を読み、新しい時代の兆しを感じるキーワードを100本探し、厳選3本の発表。新聞から時代を洞察する訓練です。専門外の世界を見、全体の動きを探り、洞察し、言葉からイメージを描きます。事実を読むから真理を探るへ……新しい体験が習慣になることを願って。

60

ビジョンという、熱い想いが欲しい。

ビジョンづくりは
将来の「あるべき姿」を
描くこと。
・どこに向かうの
・どうなりたいの
・どう言われたいの

21世紀の最大の特徴は流動性と言われ、「変化」がキーワードになっています。と言って、変化に合わせることばかり考えていると、時代に振り回され、どこに「私」がいるのか分らなくなります。こうした時代だからこそ「ビジョン」を持ちましょう。ビジョンとは「自らの将来のあるべき姿」を描くこと。夢やロマンや想いを描くことからスタートします。それは、❶将来を描くもの❷未来に向けて行うもの❸新しい変化をつくり出すもの❹自らの体質を革新していくものです。だからハードルも高く刺激も大きく、そして努力も必要になってきます。そして世の中に向かって自らの約束を言葉化し、行動へと移していきます。

スターバックス・シュルツ社長の熱い想いであり、企業のビジョンである「われわれは人の腹を満たしているのではない。人の心を満たしているのだ」「コーヒーを売るための商売でなく、人々を喜ばせたいために、その手段としてコーヒーを売っているのだ」。けっしてビジネスをうまくやろうという言葉ではありません。このビジョンに沿っての行動が信頼され、今のスターバックスが存在するのでしょう。

ビジョンのある人は「自分が何のために存在するのか」という、生き方、信念を持つ人。そこにブレがありません。あらためて、自分って何だ？　どこへ向かうのか？　何がしたいのか？　「あるべき姿」をしっかり見つけたいものです。

おわりに

全60項目にわたって「考える姿勢」を語らせていただきました。全文にわたって、現場にいた時、私が感じていたこと、仲間から教えられたこと、博報堂自身が語っていたことをまとめた「広告屋の根っこ」を基本にしました。もう10数年も前のこと。しかし、根っこはそう変わるものではありません。そのため取材もせずに書いてしまいましたが、多少の考え違いや、思い込みが強すぎる部分があるかと思います。あくまでも私見とお受けとりください。

ただ、こうして「博報堂は……」と私が書けるのも、在籍中（統合本部）の私のボスであった、当時の東海林隆副社長（社長、会長、そして現在、博報堂ＤＹホールディングス相談役）からの薫陶を受けたおかげです。「どうしたら博報堂が強くなるか」を、ひたすら考え続けていたリーダーでした。「この根っこは何なのか」「何が大切なのか」「どうしたいのか」「これで現場が喜ぶのか」と、つねに本質を突かれ、そこから、モノゴトを考える基本姿勢を学びました。

今回の本文の中には、東海林相談役から手渡されたものがたくさんあります。本書を借りてお礼申し上げます。

また、在籍中に手渡されたものを現場の人へ、自ら変わろうとする人へどう伝えていくか……の役も私にあるのでは、と思い、35年の試行錯誤を整理し、出版へとつなげてみました。

そして「博報堂スタイル」を通して、若いビジネスマンに「考える・創る姿勢」を手渡せる機会を与えてくださった、ＰＨＰ研究所の岸さまに深く感謝いたします。

高橋宣行

【参考文献】

『創造力の育て方・鍛え方』　江崎玲於奈　講談社
『デザインと行く』　田中一光　白水Uブックス
『マネジメントを発明した男ドラッカー』　ジャック・ビーティ　ダイヤモンド社
『スターバックス成功物語』　ハワード・シュルツ+ドリー・ジョーンズ・ヤング　日経BP社
『ディズニーリゾートの経済学』　粟田房穂　東洋経済新報社
『ある広告人の告白』　デビッド・オグルビー　ダヴィッド社
『創造と環境』　西尾忠久　誠文堂新光社
『アイデアのつくり方』　ジェームス・W・ヤング　阪急コミュニケーションズ
『広告大入門』　広告批評編　マドラ出版

〈著者略歴〉

高橋宣行（たかはし　のぶゆき）

1940年生。1968年、博報堂入社。

制作コピーライター、制作ディレクター、制作部長を経て、統合計画室、MD計画室へ。制作グループならびにマーケットデザインユニットの統括の任にあたる。

2000年より関連会社役員を経て、現在フリープランナー。各企業のプランニング、ならびにアドバイザー、研修講師、執筆活動などで活躍。


〈著書〉

『オリジナルシンキング』『オリジナルワーキング』『コンセプトメイキング』（以上、ディスカヴァー・トゥエンティワン）

博報堂スタイル
発想職人のスピリット

2008年3月24日　第1版第1刷発行
2016年5月24日　第1版第8刷発行

著　者◎高橋宣行
発行者◎小林成彦
発行所◎株式会社PHP研究所
東京本部　〒135-8137　江東区豊洲5-6-52
ビジネス出版部　☎03-3520-9619（編集）
普及一部　☎03-3520-9630（販売）
京都本部　〒601-8411　京都市南区西九条北ノ内町11
PHP INTERFACE　http://www.php.co.jp/

装　幀◎渡邊民人（TYPEFACE）
本文DTP◎堀内美保（TYPEFACE）
印刷所◎図書印刷株式会社
製本所◎東京美術紙工協業組合

ISBN978-4-569-69817-5

PHPの本

20代・ハッピー☆パラサイトの消費のチカラ

なぜ彼らは、こんなに買ってしまうのか？

牛窪 恵 著

何に興味があるのか、何を考えているのかわからない。各企業のマーケティング担当者を悩ませる20代の消費行動と感性を読み解く！

定価 本体一、四〇〇円（税別）

PHPの本

わかったようで、よくわかっていない人のための

投資銀行時代、ニッポン企業の何が変わったのか？

保田　隆明　著

「投資銀行」「M&A」という言葉はすっかり耳慣れた。会社をめぐる環境は随分変わったらしい。でも、それが私に関係あるの？

定価　本体一、二〇〇円（税別）

PHPの本

ゴールデン コンセプト

仕事の起点

岸 孝博 著

ようこそ、コンセプトの深みへ。スキルやテクニックの話を超え、仕事の起点となるコンセプトの背後にある思想と考え方を実践的に解説する。

定価 本体一、一〇〇円（税別）

PHPの本

ヨーガンレールの社員食堂

高橋　みどり　著

人気スタイリスト高橋みどりが一目惚れし、一年間追いかけたヨーガンレールの社員食堂には、食にとって大事なことが全部そろっていた。

定価　本体一、六〇〇円（税別）